www.tredition.de

AF185912

Für Marlene

*Das Gefühl der Geborgenheit
umhüllt meinen Körper*

Hansjürgen Wölfinger

Worte für die Seele

© 2014 Hansjürgen Wölfinger
Umschlag, Illustration: tredition

Verlag: tredition GmbH, Hamburg

ISBN
Paperback   978-3-7323-0209-3
Hardcover   978-3-7323-0210-9
e-Book   978-3-7323-0211-6

Printed in Germany

Inhaltsverzeichnis

Gefangen

In Gedenken an Hildegard

Ich sitze auf einer Bank
und schau hinaus aufs Meer.
Gedanken kann ich nicht fassen,
in meinem Kopf ist alles leer.

Ich bin gefangen in meinen Gedanken,
bin gefangen in meiner Welt.

Meine Blicke schweifen über den Horizont.
Ich versuche zu denken,
alles vergessen,
ich hatte es mal gekonnt.

Ich bin gefangen in meinen Gedanken,
bin gefangen in meiner Welt.

Ich kann mich nicht erkennen und weiß nicht
wer ich bin.
Hatte so viel vor im Leben

doch jetzt, jetzt macht es nicht mehr Sinn.

Ich bin gefangen in meinen Gedanken,
bin gefangen in meiner Welt.

Ich warte auf das Erwachen,
warte, dass mich jemand weckt.
Das Warten ist für immer vergebens,
denn meine Welt ist mit Nebel zugedeckt.

Ich bleibe gefangen in meinen Gedanken,
bin für immer gefangen in meiner eigenen Welt.

*Das Leben ist,
warten auf den Tod.*

Gestern

Gestern warst du noch ein Kind.

Heute bist du erwachsen und blickst auf dein Kind.

Die Zeit dazwischen war

eine Zeit des Erwachens, des Blühens.

Eine Zeit des Lernens, des Vergessens.

Eine Zeit des Vergebens, des Zornes.

Eine Zeit der Liebe, der Enttäuschung.

Eine Zeit der Freude, des Trauerns.

Eine Zeit des Wartens.

*Es gibt Momente, da sehne ich mich
in meine Kindheit zurück.*

Der Sturm

Wolken ziehen übers Land und bringen den Sturm,

ich seh' gespannt

durch das Fenster in meinem Zimmer,

wie ächzend sich die Bäume biegen,

und immer

wenn meine Blicke hastig nach oben schweifen,

ach könnt' meine Hand,

ich möcht' sie greifen

die Ängstlichen, ich seh's soeben,

zu beruhigen vor dem Beben.

Schützend mit der anderen Hand,

ganz oben

Sturm gib Halt, hör auf zu toben.

Zu gewaltig war mein Wille,

meine Hand.

der Sturm zieht weiter, dringt tiefer

in das Land.

Die Bäumchen, dankend wie sie sich
verbeugend knicken,
ertappend mich sehn im Spiegellicht
der Scheibe ein Lächeln und
ein Nicken.

Alter

Alter, Alter heißt Erfahrung,

Weisheit, auch Falten.

Alter heißt aber auch Jung sein,

spielen zu können.

Alter bedeutet, Vater oder Mutter sein

und Kind zugleich.

Alter schreit auch nach Wissen,

Macht und Regieren.

Alter, ist Ruhe, Liebe,

Ausgeglichenheit.

Alter, Alter heißt aber auch

Abschiednehmen.

Alter, Alter ist das,

was jedes Lebewesen erfährt.

Alter,
dass ist die Jugend in Zeitlupe.

Anklage

Ach ihr Sterne hoch da oben,

so unendlich weit in diesem Raum.

Wie bedaure ich, dass wir so ungezogen,

euch sagen und dabei ins Antlitz schaun.

Bei uns gäbe es keine Kriege, keine Not.

Wir wären Brüder, vom Großen bis zum
Kleinsten.

Kranke, Arme, Hungersnöte ach bewahr'.

soviel Brot,

oder all die Höflichkeit, Etikette,

alles nur vom Feinsten.

Ach ihr Sterne verzeiht, ich muss es wagen,

all' die Lieder, Verse, all' das Preisen.

Es ist nicht wahr, was wir euch sagen,

Kriege gibt's und auch Elend,

ich kann's beweisen.

Ach ihr Sterne hoch da oben,

so weit von hier,

wie bedaure ich, dass alles nur noch Schein.

Ach guter Glaube halt mich fest,

ihr seid nicht so wie wir,

oder soll es gar bei euch genauso sein?

Das Blättlein

Es fällt ein Blättlein in sanften Wogen,

herab von einem hohen Baum.

Würde ein sanfter Hauch in hohem Bogen,

das Blättlein hochschleudern in meinem Traum;

mein Herz würde vor Kummer zerfließen,

könnte auf dieser Welt, ich glaube es kaum,

nicht alle Blättlein es genießen,

fallen in sanften Wogen, von einem hohen Baum.

Das große Tor

Eines Tages wirst auch du vor dem großen Tor
stehen,

dem Tor des 'Nimmerwiederkehrens'.

Du wirst dann gefragt werden, ob du auch alles
in deinem Leben richtig vollbracht hast.

Man wird dir Fragen stellen, viele Fragen wird
man dir stellen 'Warst du auch immer ehrlich?'
oder 'warst du auch immer ein guter Ehemann
und Vater?'.

'Hast du die Geschöpfe immer geachtet und
ihnen kein Leid zugefügt?'

'Konntest du zuhören?'

Man wird dir diese Fragen stellen und noch
viele mehr.

Wenn du sie nicht zufrieden stellend beantwor-
ten kannst, dann wirst du zurückgehen müssen.
Du wirst das tun müssen, um alle Fragen mit 'ja'
beantworten zu können.

Wenn du dazu bereit bist, dann komme wieder,
um in Frieden das große Tor hinter dich zu
verschließen.

Der alternde Star

Applaus, Spagat, Drehungen, einmal, zweimal, dreimal, Sprung.

Applaus, Verbeugung, Vorhang.

Schulterklopfen, Blumen, Küsschen links, Küsschen rechts.

Nochmals Schulterklopfen, Bravo.

Zurück, Vorhang, Orchester, Sprünge, Drehungen, links, rechts.

Haare wehen.

Schweißdurchdrängtes Trikot.

Sprung.

Halt!

Wohnzimmer, Hände an die Brust.

Altes Gesicht, schmerzverzerrt lächelnd.

Verbeugung.

Nochmals Verbeugung.

Schallplatte hängt, nur rauschen

Applaus?

Verbeugung?

Fall. Tot.

Ich wollt', ich wär' ein Clown

Ich wollt' ich wär' ein Clown,
könnte Greise und Kinder zum Lachen bringen.

Ich wollt', ich wär' ein Clown,
könnte tanzen und lustige Lieder singen.

Ich wollt', ich wär' ein Clown,
könnte mitten stehen in meinem Reich.

Ich wollt', ich wär' ein Clown,
könnte allen eine Freude machen.

Ich wollt', ich wär ein Clown,
könnte Purzelbaum und andere Sachen.

Ich wollt', ich wär' kein Clown,
sonst müsst' ich steh'n im Rampenlicht allein.

Ich wollt', ich wär' kein Clown,
möcht' keine Witzfigur für andre sein.

Ich wollt', ich wär' doch ein Clown,
für die Armen dieser Welt.

Ich wollt', ich wär' doch ein Clown,

für sie würde ich Späße machen ohne Geld.

Ich wollt', ich wär' ein Clown,

ich würde für alle die gerne lachen, die schönsten,

größten und lustigsten Dinge machen.

Ich wollt', ich wär' ein Clown,

würde vor euch alles wagen.

Ich wollt', ich wär' ein Clown,

der in die Manege tritt um euch Hallo zu sagen.

Ich wollt', ich wär' euer Clown.

Additionen

Tag für Tag sterben tausende den Hungerstod.

Tag für Tag sterben hunderte in den sinnlosen Kriegen.

Tag für Tag werden viele des Geldes wegen zum Mörder.

Tag für Tag werden die schmutzigsten Geschäfte gemacht.

Diese Welt ist schlecht.

Diese Welt ist tot.

Stunde für Stunde werden die Reichen immer reicher.

Stunde für Stunde werden die Armen immer ärmer.

Stunde für Stunde wird die Freiheit immer weniger.

Stunde für Stunde werden die Cleveren immer dreister.

Diese Welt ist schlecht.

Noch ist es nicht zu spät,

versuchen wir sie zu retten.

Minute für Minute müssen wir miteinander reden.

Minute für Minute müssen wir uns besser
kennen lernen.

Minute für Minute müssen wir diese Kriege
verdammen.

Minute für Minute müssen wir gegen das
Unrecht kämpfen.

Das ist unsere Welt.

eine freie Welt.

eine heile Welt.

Eine Welt um unser Leben zu leben.

Die Ratz
oder
Das Ratzenmahl

für Corina

Eine Ratz ist im Keller eingesperrt,

sie rennt von Tür zu Tür und zerrt

an den Ritzen und den Spalten hin und her,

es hat keinen Zweck, es geht nicht mehr.

Sie schnauft und prustet von der Hatz,

muss kurz mal ausruhen und nimmt auch Platz.

Jedoch die Angst lässt sie erneut aufspringen,

es muss ihr doch gelingen,

eine Tür zu öffnen, zu bewegen.

als sie so zerrt und beißt geht soeben,

eine Tür fürchterlich quietschend ganz langsam
auf

zögernd schaut sie durch den Spalt und sieht
zuhauf,

Äpfel, Birnen, Körner sie ist außer Rand und
Band,

sie kann es kaum glauben ist dass das Schlaraffenland?

Vorsichtig geht sie auf die Gaben zu, ein Stückchen

hier ein Körnchen da,

ist das Leben nicht wunderbar.

Alles wollte die Ratz probieren, es gab ja genug,

als sie vernahm einen wohlbekannten Geruch.

Vollgefressen den Kopf nachdrehend, sie tat sich schwer,

wo kommt der Duft wohl her.

Dort aus der Ecke sie glaubt es kaum,

da liegt das gute Stück es ist wie im Traum.

Das Holz auf dem der Käse lag sowie das Drahtgestell,

sie sah es, vergaß es aber schnell.

Gierig will sie das Stückchen holen jedoch aus vollem Mund,

fiel ein Körnchen in des Monsters Schlund

Krachend schnappt das Ungeheuer zu soeben,

liebe Ratz das war dein Leben.

Nein, die Ratz lag in der Ecke auf dem Rücken,

schlug die Augen auf und voller Entzücken,

lag das schöne Stück vor ihren Füßen,

gerade wollte sie sich auf es stürzen ums zu
genießen,

als eine Stimme leise und bestimmend zu ihr
sagte,

sie solle still da liegen, und deshalb auch nicht
wagte,

sich zu bewegen,

und das war ihr Segen.

Ihre Füße lagen auf eines anderen Monsters
Lippen

und schon das kleinste gierige Nippen

an des fremden Käseschimmel

und du sähest nun vom Ratzenhimmel,

deine Dummheit von dort oben hier hernieder,

liebe Ratz tue das bitte nie nie wieder.

Meine Seele

Meine Seele ist mit Beulen übersät. Ich spüre jede einzelne von ihnen.

Die Beule der Ungerechtigkeit, der Unvernunft oder der Angst.

Die Angst vor dem Ungewissen, was wird morgen sein wird quält sehr.

Wird meine Seele morgen neue Beulen bekommen?

Ich spüre sie jeden Tag stärker, manchmal so stark, dass die Schmerzen die sie verursachen nicht mehr auszuhalten sind.

Die Beulen des Todes kommen immer öfter umso älter die Umgebung wird.

Aufhalten, aufhalten kann man sie nicht, nein.

Eines Tages wird meine Seele so mit Beulen übersät sein, wie ein Geschwür aufgebläht und die Schmerzen werden schrecklich sein.

Meine Seele ist mit Beulen übersät, mit Beulen der Traurigkeit.

Trauer des Verlorenhabens.

Das Verlieren einer Seele die der eigenen sehr nahe stand, lässt Beulen entstehen, die große

Schmerzen verursachen, die ewig anhalten
werden.

Aufhalten, aufhalten kann man sie nur, durch
den Mut, den Mut des Entgegentretens.

Entgegentreten der Ungerechtigkeit, der
Unvernunft, der Angst.

Meine Seele ist mit Beulen übersät, aber sie
schmerzen nicht mehr so stark, denn meine Seele
fühlt die Seelen die ihr einmal sehr nahe standen.

Meine Seele hat Mut.

Die Erinnerungen
nagen an meiner Seele.

Die Überzahl

Es war ein sehr heißer Tag, die Sonne schien erbarmungslos auf die Erde herab.

In den vielen Gassen war ein Kommen und Gehen. Hektisches Treiben, kaum einer hielt an, immer nur vorwärts, vorwärts ohne stehen zu bleiben. Es schien, als ob jeden Moment die Sonne aufhörte zu scheinen oder die Erde sich zu drehen. Es konnte einem vom Zuschauen schwindelig werden.

Jäh' in diesem wuseligen Treiben ein Stocken. Für Sekunden war alles still, wie gelähmt, als ob die Erde aufgehört hatte sich zu drehen und die Sonne ihren heißen Atem anhielt. Ein Eindringling durchquerte ihren Weg. Er besaß die Frechheit ihren Weg zu kreuzen und ihr Treiben zu stören.

Wer hat es gewagt uns zu unterbrechen, unseren Weg zu beschmutzen.

Mit aller Macht und Kraft werden wir diesen Querling bestrafen.

Soldaten zurrten, schoben und versuchten den Quertreiber von seinem eingeschlagenen Weg abzubringen.

Der Angegriffene wehrte sich mit all seinen Kräften, es nutzte nichts, zu stark war die Übermacht, zu überlegen der Gegner, zu groß die Überzahl.

Erschöpft überließ er sich seinem Schicksal. Sein letztes Aufbäumen, ein letzter stummer Schrei. Die gewaltige Überzahl mit ihren tödlichen Werkzeugen konnte der Wurm, der zufällig den Weg der Ameisen kreuzte, nichts entgegen setzen.

Freud und Leid

Siehst du die Augen, die dich zum Erweichen
ansehen.

Fühlst du die Pfoten die dich bettelnd berühren.

Hörst du das Schnurren, dass dir sagen will, ich
danke dir.

Ja sie sind es, die Tiere.

Merkst du, wie sie dich freudig zur Begrüßung
empfangen.

Weißt du, auch wenn sie ungerecht behandelt,
nur dich lieben?

Spürst du, wenn die Vögel singen, die
Lebensfreude der Natur?

Ja sie sind es, die Tiere.

Siehst du die Hand die die Tiere misshandelt?

Hörst du das Schreien und Jammern auf der
Totenbank?

Fühlst du die Blicke die dich fragen, warum?

Ja sie sind es, die Tiere.

Spürst du die Angst, die sie zum tödlichen
Versuch begleitet?

Merkst du denn nicht, dass sie den Schmerz
genauso fühlen wie du und ich?

Weißt du, wer sie quält und aus ihnen
Maschinen macht?

Ja sie sind es, die Menschen.

*Zolle den Tieren deinen Respekt
und sie werden ihn dir zurückgeben.*

Unser Hund

Unser Hund ist tot.

Er, der immer fidel und voller Kraft
durch die Zimmer rannte ist nicht mehr.

Er, der Freund aller Vier- und Zweibeiner
der Dulder aller Katzen und Gefiedertem
bellt nicht mehr.

Er, der Hund, Kenner der feinen Menschenseele
jedoch der Sprache nicht gewandt - konnte
genau erkennen welche Laune angebracht.

Er der Freund, hatte immer ein Schwanzwedeln
parat.
Ob es stürmte oder schneite, ob es heiß war
oder kalt, ihm war es einerlei - nur laufen, laufen,
laufen.

Unser Hund ist tot.

Nun blickt er herab von seinem Hundehimmel.
Uns bleiben nur sein Bild und die Erinnerung an
die schönen Tage in all den Jahren.

Eines Tages werde auch ich meinen letzten Brief
schreiben müssen. Werde der Welt "Adieu"
sagen und meinem Hund "Guten Tag".

Ein Leben ohne Tiere
ist wie eine Partnerschaft ohne Liebe.

Gegenwärtig

Sekunden,

ohne Inhalt,

ohne Worte,

ohne Ton,

ohne Gestalt,

Einfach leer!

Sie sind leer, aber trotzdem gegenwärtig.

Kinder

Kinderaugen, ob grüne, blaue, braune oder graue.

Augen, ob große, kleine, runde oder schmale.

Alle, alle haben sie eines gemeinsam.

Sie können lachen vor Freude,

sie können weinen vor Schmerz.

Kinderhände, ob schwarze, weiße, braune oder gelbe.

Hände, ob große, kleine, dicke oder dünne.

Alle, alle habe sie eines gemeinsam.

Sie können sich recken vor Freude,

sie können sich krümmen vor Schmerz.

Kinder, ob Christen, Juden, Moslem oder Buddhisten.

Kinder, von allen Teilen dieser Erde.

Sie wollen leben in Freude,

sie wollen missen den Schmerz.

Kindheit ist oft nicht sein zu dürfen.

Mutter Erde

Gute Mutter Erde,

du hast versucht deine Kinder zu erziehen.

hast ihnen gelehrt mit dem was du ihnen
gegeben hast

behutsam umzugehen.

Du hast sie aus deinem Schoss geboren,

hast sie gesäugt aber aus Liebe nicht entwöhnt.

Liebe Mutter Erde, hörst du noch den Schrei

des Bussards aus der Vergangenheit?

Er ließ sich in die Luft erheben und sein langer,

manchmal klagender Schrei erfüllte die Weite.

Sieh ihn dir an, traurig gleitet er am Himmel

und sein Schrei gleicht einem Klagelied.

Gute Mutter Erde,

hast du nicht versucht es allen deinen
Geschöpfen

recht zu machen,

ihnen Nahrung zu geben,

ihnen Freude am Leben zu schenken.

Zarte Mutter Erde,

leuchtete dein Kleid nicht in den schönsten Farben.

All die Bäume und Pflanzen umarmten und schützten deinen Körper vor der Kälte und den derben Strahlen der Sonne.

Weine nicht liebste Mutter Erde,

eines Tages wird man um dich weinen,

sie werden klagen und sich Vorwürfe machen,

aber es wird ihnen nichts nützen.

Sie werden dich zugrunde gerichtet haben

und sich selbst dazu,

doch sie wissen es noch nicht.

Gütigste Mutter Erde,

schütze und verberge die, die noch an dich Glauben solange du noch kannst.

Wir, die wenigen, werden um dich kämpfen.

Weine nicht, Liebste

Opfer

Menschen liegen in der Erde dort, wo man sie
beerdigt hat;

und oben auf dem Hügel, ein weißes Kreuz aus
Holz oder Eisen;

einmal im Jahr stehen viele Menschen vor die-
sem Hügel,

man nennt es Grab.

Man schüttelt sich die Hände,

man ist auch auf sie stolz, aber wir,

wir sind die Waisen.

Eines Tages wird der stumme Schrei so laut sein,
dass auch du daran zugrunde gehen wirst.

Ruhe

Der Wald steht still

und leise

singt ein Vöglein auf seinem Ast,

so vergnügt melodisch auf seine Weise.

Hier will ich bleiben, hier mach'

ich Rast.

Auch der vermutlich falsche Weg
kann der Richtige sein.

Schritte

Sie klingen wieder in den Ohren,

die Schritte auf Asphalt, die, die mit den Gena-
gelten.

Stimmen die diese Schritte in Bewegung,

im Gleichschritt brüllen.

Schritte der Demütigungen, Tränen und
Schmerzen.

Schritte auf dem Asphalt, dieses Trap... Trap...

Es klingt wie das Tak... Tak... der Maschinen-
gewehre.

Schritte, die wieder kräftiger und die Stimmen
wieder lauter werden.

Trap... Trap... Tak... Tak...

*Ich weine und weine
und meine
ein Meer voller Tränen
in mir zu haben.*

Unten am Fluss

Unten am Fluss, wo das Wasser die Steine
umfließt,

die Fische gegen den Strom ankämpfen müssen.

Unten am Fluss, wo morgens der Nebel
aufsteigt,

die Morgensonne ihn gierig aufsaugt.

Unten am Fluss, wo ich meine Träume gebar,

dieselben, die ich im Wasser ertrank.

Unten am Fluss, wo ich meine Kindheit
verbrachte,

mein Fluss, wie liebe ich dich.

Kindheit ist fast wie Schokolade.

Sehnsucht

Wo ist die Sonne die mich gewärmt,

wo die Blumen die mir so viele Freude
machten.

Wo sind die Vögel die mich mit ihren

Gesängen erfreuten,

wo ist das Leben um mich herum.

Wo ist meine Lebensfreude,

oh' Frühling wohin bist du gegangen.

*Der Schnee stirbt
unter den Strahlen der Sonne.*

Stille

Stille, nichts als Stille
kein Vogel singt

kein Rabe kräht

Stille, nichts als Stille
kein Flugzeuglärm
keine Motoren heulen auf

Stille, nichts als Stille
kein Kinderlachen

keine Mutter ruft ihr Kind

Stille, nichts als Stille

Treue

Mein Herz ich ward dich so vermissen

von Stund'

zu Tag aufs neu.

Im Traum sah ich dich fortan küssen

nur mich und meinen Mund.

Du warst mir treu.

Du

Du sprichst nicht mit mir,
alles nervt dich.

Ich habe Angst dich zu fragen,
warum du dich so gehen lässt.

Es ist so still um uns,
so still, dass ich mein Herz pochen höre.

Du schaust durch mich hindurch.

Ich strecke dir meine Hand entgegen,
aber was tust du?

Du trittst meine Seele mit den Füßen.

Warum tust du das.

Die Welt könnte viel fröhlicher sein,
wenn die Menschen es nur zuließen.

Wenn ich einmal tot bin

Wenn ich einmal tot bin,
wird die Welt sich weiter dreh'n.

Wenn ich einmal tot bin,
werde ich all' meine Freunde wieder sehen.

Wenn ich einmal tot bin,
soll man nur stille um mich weinen.

Wenn ich einmal tot bin,
tut es mir Leid um die Meinen.

Wenn, ja wenn ich einmal tot bin,
daran will ich heute noch nicht denken.

Nur Freude will ich verbreiten
und diese meinen Lieben schenken.

Geboren, um zu sterben.

Winter

Winter wird's in uns'ren Auen,

der Sommer endgültig nun vorbei.

Sollt' ich mich nun doch getrauen,

oder ist's mir wieder einerlei.

Meine Gedanken in Wort und Schrift zu fassen,

all das Böse niederstampfen zu Mus und Brei.

Oder sollt' ich doch ganz ruhig gelassen,

die Meinung derer zu benutzen wie ein
Papagei.

Mein Feuer in mir brennt wie in des Teufels
garst'ger Hölle,

und entschlossen ergreift die Hand die Feder.

Das Wahre werde ich jetzt verkünden, nur die
harte Welle,

nun sollen sie alle es erfahren, da hilft auch kein
Gezeter.

Doch wenn ich das Draußen durch mein
Fenster so betrachte,

von innen, meinem warmen Zimmer, in die
Ferne.

Es ist alles so ruhig, so friedlich und das
Gedachte,

wirkt schläfrig und schmilzt wie ein Eisblock in
der Wärme.

Nun ist aber endgültig Schluss, werde endlich
wach,

sollen den all' meine Gedanken umsonst
gewesen sein.

Dieses ew'ge Hin und Her nun mach ich Krach,

ich werde schreiben, so wie mir mein Maul
gewachsen und mache mit mir endlich rein.

Wer die Wahrheit sagt,
braucht viele gute Freunde.

Wortgefecht

Frieden, Frieden ist ein Wort, dass mit 'F' anfängt.

'F' wie Feuer oder Feind oder Flug.

Es endet mit 'n', wie nun, nie oder nein.

In der Mitte, nach entfernen der beiden aufgeführten

Buchstaben, bleibt 'rieden'.

Wenn man nun zwei völlig andere Buchstaben einfügen

würde, wie ein 'B' oder 'R', so würde es sich lesen wie

'Brieder' oder 'Riedeb'...

Aber bleiben wir beim Original, dem Wort Frieden, Frieden wie Afghanistan, Irak, Südafrika, Tschetschenien, Jugoslawien, Ukraine oder wie sonst so viele Worte die mit 'F' wie Frieden anfangen.

Krieg, ist ein Wort, dass mit 'K' anfängt
und mit …

Wünsche

Das bequeme Unbequeme möcht'
ich finden.
Den Zweck mit dem Zwecklosen
verbinden.
Die Nacht mit dem Tag vermählen.
Der Tod, sich zum Guten der Lebenden
verzählen.
Den Sturm mit dem Wind ausblasen.
Die Frucht in ihrer Schale belassen.
Das Kommissbrot in Kuchen verwandeln.
Den Feigling wie ein Held behandeln.
Den Traum in der Wirklichkeit erleben.
Das Ende vor den Anfang erheben

*Das Gefühl der Geborgenheit
umhüllt meinen Körper.*

Zwiegespräch

Hallo Baum, sag' bist du alt?

Ich bin es.

Hallo Baum, sag' bist du groß?

Ich bin es.

Hallo Baum, sag' warum hast du

keine Blätter und wirfst

keine Schatten, bist du tot?

Ich bin es.

Der kurze Brief

Hallo Liebling,

ich schreibe dir ein paar Zeilen, die ersten, seit unserem Streit. Ich schreibe dir, obwohl ich ganz genau weiß, dass du diese Worte nie lesen wirst.

Nun liege ich auf meinem Bett und starre an die Decke und warte ein Zeichen von dir, warte auf den Anruf, dass du mir vergibst.

Das Warten macht mich ganz verrückt.

Ich stehe auf, schließe das Fenster und verdunkle den Raum.

Laufe im Zimmer auf und ab und warte auf ein Zeichen von dir, dass du mir vergibst.

Das Telefon läutet, ich werde verrückt, wirst du es sein? Ich hebe den Hörer zitternd ab und führe ihn zögerlich an mein Ohr. »Nein, Sie sind falsch verbunden.«

Meine Hände werden feuchter und feuchter und mein Hals immer trockener.

Es klopft an der Tür, wer kann das sein?

Ich öffne die Tür, da stehst du nun und schaust mich an und sagst, »Ich habe auf deinen Anruf gewartet, habe auf ein Zeichen gehofft, dass du mir vergibst.«

Abschied

Auf Wiedersehen Welt,

wie gerne wäre ich noch geblieben.

So richtig alt wollte ich werden.

Habe viel erlebt, gelernt und auch getan.

Auf Wiedersehen Welt,

es war schön bei dir.

Leider muss ich jetzt gehen.

Jetzt sind andere dran.

Ich werde euch sehr vermissen.

Das Leben ist,
warten auf den Tod.

Schrei wenn du kannst

Schrei wenn du kannst,
deine Sorgen heraus.

Schrei wenn du kannst,
deine Ungeduld heraus.

Schrei wenn du kannst,
deine Traurigkeit heraus.

Schrei wenn du kannst,
deine Wut heraus.

Schrei wenn du kannst,
deine Freude heraus.

Schrei wenn du kannst,
deine Liebe heraus.
Schrei …

Dunkelheit

Wenn die Dunkelheit in deinem Kopf siegt.
Ich vergesse dich nicht.

Wenn du dich in deinen Gedanken verirrst.
Ich vergesse dich nicht.

Wenn du deinen Namen vergisst.
Ich vergesse dich nicht.

Wenn du nicht mehr weißt wer du bist.
Ich vergesse dich nicht.

Wenn ich für dich ein Fremder bin.
Ich vergesse dich nicht.

Wenn dein Mund stumm sein wird.
Ich werde deine Stimme sein.

Wenn du einmal die Erde verlässt.
Ich vergesse dich nicht.

Weit hinter dem Horizont

Ich kenne eine Welt
weit, weit hinter dem Horizont.

Dort sagt der Mond der Sonne

gute Nacht.

Ich kenne eine Welt,
weit, weit hinter dem Horizont.

Dort beginnt der Tag erst am Mittag.

Ich kenne eine Welt,
weit, weit hinter dem Horizont.

Dort dürfen Kinder noch spielen

und Kinder sein.

Ich kenne eine Welt,
weit, weit hinter dem Horizont.

Dort werden die Mitgeschöpfe respektiert.

Ich kenne eine Welt,
weit, weit hinter dem Horizont.

Dort gibt es nur Frieden,

und glückliche Menschen.

Geboren worden

Ich bin geboren worden
um Sohn zu sein.

Ich bin geboren worden
um Ehemann zu sein.

Ich bin geboren worden
um Vater zu sein.

Ich bin geboren worden
um Großvater zu sein.

Ich bin geboren worden
um Freund zu sein.

Ich bin nicht geboren worden
um Krieg zu führen.

Ich bin nicht geboren worden
um zu töten.

Ich bin nicht geboren worden
um Tiere zu töten.

Ich bin nicht geboren worden
die Natur zu zerstören.

Ich bin geboren worden
um ein guter Mensch zu sein.

Sei der du bist,
sei nicht der,
den du nicht sein willst.

Du hast gesagt

Du hast gesagt,
morgen wird es wieder besser.
Es ist nie eingetreten.

Du hast auch gesagt,
ich tue es nie wieder.
Es ist nie eingetreten.

Du hast gesagt,
ich trinke nie wieder.
Es ist nie eingetreten.

Du hast auch gesagt,
ich schlage dich nie wieder.
Es ist nie eingetreten.

Du hast gesagt,
ich liebe dich.
Es ist nie eingetreten.

Nun bist du tot.
Es ist eingetreten.

Stell dir vor

Stell dir vor,

du wachst morgens auf und es ist still.

Du hörst nichts, kein Hund bellt,

keine Vögel singen,

keine Motorengeräusche, nichts.

Völlige Stille.

Du wirst erstaunt sein.

Du wirst denken, du hättest was mit den Ohren.

Du hörst dich „Hallo" sagen.

Deine Ohren sind also in Ordnung denkst du.

Aber warum ist es so still.

Du schaust aus dem Fenster in den Himmel.

Du siehst auch keinen Vogel fliegen.

Du senkst den Kopf und schüttelst ihn.

Du verstehst die Welt nicht mehr.

Du wachst auf, bist völlig nass geschwitzt.

Du gehst an das Fenster und siehst die Spatzen

streitend in den Bäumen.

Du siehst wie die Menschen hektisch vorbei laufen.

Du hörst den Lärm der Straße.

Du atmest tief durch und weißt, dass du nur geträumt hast.

Aber, sagst du laut, wie lange wird das nur ein Traum gewesen sein.

Wie gerne

Wie gerne war ich bei euch auf Erden,
so richtig alt wollt' ich werden.

Hab' viel gelernt und auch getan,
doch jetzt sind andere dran.

Ich werde euch sehr vermissen.

Die kleine Stadt der Fantasie

Eine kleine Stadt in meinem Kopf.

Eine kleine Stadt wo Pferde fliegen können.

Eine kleine Stadt wo die Menschen niemals sterben.

Eine kleine Stadt wo Kinder niemals weinen.

Eine kleine Stadt wo Tiere niemals aussterben.

Eine kleine Stadt wo es keine Armut gibt.

Weißt du welche ich meine?

Es ist meine kleine Stadt der Fantasie.

Lebe wohl

Lebe wohl meine Liebe,

meine Freundin,

mein Schatz,

mein Kumpel,

meine große Liebe,

dies ist mein Abschied für immer.

Denke einfach positiv.
Sage nicht „Ich will nicht sterben".
Sage doch „Ich will leben".

Fragen

Hast du schon mal all die Tiere gesehen
und hast du schon mal den Mond untergehen
sehen.

Hast du schon mal all die Leute gesehen
und die alten Menschen im Park sitzen sehen.

Komm, sieh nur hin es ist doch so leicht.

Hast du schon mal all die Mütter gesehen
und all die Kinder in der Stadt spielen sehen.

Komm, sieh nur hin es ist doch so leicht.

Hast du schon mal all die Technik gesehen
und wie sich die großen Maschinen drehn.

Komm, sieh nur hin es ist doch so leicht.

Suchst du die Antwort auf all diese Fragen,
so sieh doch nur hin es ist doch so leicht.

Fliegen

Siehst du die Vögel am Himmel.

Schau wie sie fliegen.

Schau wie sie über unsere Köpfe streichen.

Ihre Schwingen werfen Schatten auf die Erde.

Schau wie sie im Wind miteinander tanzen.

Komm, lasse uns fliegen wie die Vögel,

komm lasse uns tanzen wie sie.

Nein, wir können nicht fliegen,
es bleibt ein Traum

Das waren Zeiten

Weißt du noch, wie wir Hand in Hand
spazieren gingen?

Weißt du noch, wie wir in unserer Kneipe eine
Cola tranken?

Weißt du noch, wie wir uns die Liebe
versprachen?

Ja, das waren Zeiten,
die nie wieder kommen werden.

Heute hast du einen anderen
und ich bin allein.

Weißt du noch, wie wir uns das erste Mal
küssten?

Weißt du noch, wie wir heimlich die erste
Zigarette rauchten?

Weißt du noch, wie wir unsere Lieblingsplatten
anhörten?

Ja, das waren Zeiten,

die nie wieder kommen werden.

Weißt du noch, wie wir uns das erste Mal
liebten?

Ja, das waren Zeiten,

die nie wieder kommen werden.

Heute hast du einen anderen

und ich habe nur das Bild von dir.

Die große Liebe

Sie war eine Frau ohne Lügen.

Sie war eine Dame zu jeder Zeit.

Sie war mein Leben in dieser Welt.

Jetzt ist es vorbei, sie kommt nie wieder zurück.

Sie war die Frau in meinem Leben.

Sie war das Tageslicht in meinen Augen.

Sie war der Himmel auf der Erde.

Was habe ich getan.

Sie war das Sternenlicht über mir.

Sie war der Regenbogen um mich herum.

Sie war der Sonnenschein in meinem Herzen.

Bitte vergib mir.

Du bist die Frau die ich liebe.

Du bist die Frau für mein Leben.

Du bist der Engel der mich beschützt.

Ich liebe dich.

Der Regen

Hörst du den Regen an das Fenster prasseln

Ich liebe den Regen

Mein Kopf sagt mir ich hasse dich

Mein Herz sagt ich liebe dich

Ist es richtig

oder ist es falsch

sage es mir bitte

sage es mir jetzt

Hörst du den Regen an das Fenster prasseln

Kannst du mich hören

Ich schreie deinen Namen

Ich bin ein Gefangener in mir

Ist es richtig

oder ist es falsch

sage es mir bitte

sage es mir jetzt

Hörst du den Regen an das Fenster prasseln

Ich kann nicht mehr warten

Ich will zu dir aber bin gefangen

Gefangen in meinen Gedanken an dich

Ist es richtig

oder ist es falsch

sage es mir bitte

sage es mir jetzt

Hörst du auch den Regen an das Fenster
prasseln

Hörst du mein Schreien nach dir

Hörst du mich deinen Namen rufen

Hörst du meine Seele bersten

Ist es richtig

oder ist es falsch

sage es mir bitte

sage es mir jetzt

Die Begegnung

Es war ein warmer Sommertag als ich dich zum ersten Mal sah.

Ich erinnere mich noch sehr genau, du standst in der Ecke und schautest desinteressiert deinen spielenden Geschwistern zu.

Es war dir einfach zu warm um herumzutoben und außerdem hattest du Besuch und da muss man sich doch von der besten Seite zeigen. Du hast es gespürt, dass wir nur dich ansahen aber was tatest du, du schautest nur an uns vorbei.

Als ich dich auf meinen Arm nahm behagte es dir gar nicht und fingst an auf das äußerste zu protestieren.

Deine Geschwister tollten herum und animierten dich endlich mit zu machen aber du, nein du hattest keine Lust.

Meine Blicke waren nur auf dich gerichtet, jeden Schritt den du gingst beobachtete ich ganz genau. Deine braunen Augen, dein dunkel gewelltes Haar, dein Art sich zu bewegen.

Etwas unbeholfen tapstest du zwischen deinen Geschwistern.

Aber mal ehrlich, wer kann schon normal gehen, wenn so viele Augenpaare auf sich gerichtet sind. Ich liebte einfach alles an dir.

Deine Mutter stand neben mir und schaute auf deine spielende, keifende, quietschende und nie müde werdende Geschwister. Dann schaute sie auf dich, denn sie spürte wohl, dass es ein Abschied für immer geben wird.

Du, umgeben von Autowraks, Ölgestank und der schmutzigen Umgebung konntest froh sein, dem zu entrinnen. Aber das können nur Menschen denken, du kanntest ja nichts anderes.

Die Zeit war nun gekommen um von deiner Familie Abschied zu nehmen. Ich nahm dich auf den Arm und wir gingen zu unserem Auto das wir am Straßenrand abgestellt hatten. Wir blickten noch einmal zurück.

Deine Geschwister tollten noch immer wild herum. Sie nahmen keine Notiz deines Abschieds.

Die traurigen Blicke deiner Mutter begleiteten uns als wir den Schrottplatz verließen.

Die Besitzer winkten uns freundlich nach und wünschten uns eine schöne Zeit.

Leider war dein Leben auf der Erde viel zu kurz.

Ach, wie ich dich vermisse.

Der Fremde

Nach einem sehr anstrengenden Arbeitstag freute ich mich auf einen sehr langen und nervenberuhigenden Spaziergang.

Schon die ersten Schritte vermittelten meinem strapazierten Körper ein kribbelndes Gefühl und eine gelassene Freude.

Genau das mussten die vielen Vögel auch fühlen, denn sie zwitscherten aus voller Kehle.

Mein Blick nahm alles gierig in sich auf.

Das Grün der Wiese und die Ferne dieser wunderschönen Landschaft.

Gedanken überfielen mein Gehirn, Gedanken die um vieles abstrakter waren, als jene Arbeitsgedanken die verdammt sind, immer die gleichen Schemata zu durchdenken.

Inmitten dieser herrlichen Gedankenkompositionen dröhnte eine ranzige Stimme, die mich, wie vom Blitz getroffen, erstarren ließ.

»He du, wie heißt du?«

»Hörst du nicht, wie du heißt.«

»He du, wer bist du?«

Erschrocken von dieser nicht gerade freundlichen Aufforderung, drehte ich mich in die grobe Richtung, sah aber keine Menschenseele.

»He, willst du mir nun Antwort geben!«

Meine Augen versuchten den Urheber dieser befehlenden Stimme auszumachen und sahen, nach anfänglichen Schwierigkeiten, einen alten Mann auf einer nicht gerade jüngeren Holzbank sitzen.

Ich ging etwas näher und erst jetzt bemerkte ich, dass er gar nicht mich meinte, sondern eine Gestalt, die inmitten auf einem Felde stand und uns den Rücken zuwandte.

Der Alte auf der Bank leierte wie eine hängen gebliebene Schallplatte nochmals die bekannten Aufforderungen.

Um den Fremden auf dem Feld besser sehen zu können, kniff ich meine Augen so zusammen, dass nur noch ein schmaler Spalt offen blieb.

Mein Kopf schob sich langsam aber stetig nach vorne und mein Hals wurde immer länger und länger. Dabei nahm ich eine Haltung ein, die mich bei einem Schönheitswettbewerb bestimmt auf einen der vorderen Plätze gebracht hätte.

Ich bildete mir ein, so besser sehen zu können.

Tatsache war, dass ich langsam aber sicher das Gleichgewicht verlor und so gezwungenermaßen einen Fuß vor den anderen setzen musste und dabei leicht in die Knie ging.

»He, kennst du den?«

»Wer ich?«, fragte ich verdutzt, und merkte erst jetzt, dass ich direkt neben dem Alten stand.

Ganz allmählich brachte ich meinen Kopf in die Ausgangsstellung zurück, drehte ihn nach rechts dann nach links, um den Krampf aus dem Nacken

zu treiben, räusperte mich und meinte dann:
»Ne, eigentlich nicht.«

»Was heißt eigentlich nicht, kennst du ihn oder kennst du ihn nicht!«

Das war eine gute Frage die mich wiederum veranlasste meine Augen zuzukneifen. Aber das kennen sie ja schon.

»Na was ist, kennst'n?«

»Ne, ich kenne ihn nicht«, konnte ich nun stolz verkünden.

»Was will der denn auf meinem Acker?«

Woher sollte ich wissen was der auf seinem Acker zu tun hatte.

»He du«, schrie der Alte.

Keine Antwort kam zurück.

Dieser Fremde bewegte sich kaum, vielleicht hörte er schlecht.

Der Alte ließ nicht locker und rief unentwegt.

Ich beruhigte ihn, »vielleicht beobachtet er Vögel.«

»Ach was, er soll runter von meinem Acker!«

Es war schon sehr sonderlich, dass er nicht ein einziges Mal hersah.

Meine Augen schmerzten, denn es war eine Entfernung, die es nicht erlaubte, mit einem entspannten Hinsehen das Objekt zu beobachten.

Ich wollte mich schon mit einem murmelnden »was geht's mich an«, freundlich verabschieden, als eine Kinderstimme rief: »Großvater, du sollst essen kommen!«

»Nein, erst wenn der von meinem Acker ist!«

Das Kind, von einem Bein auf das andere hüpfend, kam näher und rief abermals dem Alten zu: »Großvater, du sollst essen kommen!«

»Erst wenn der von meinem Acker verschwunden ist!«

»Wer?«, fragte die Kleine und hüpfte weiter ohne auf den Großvater zu schauen.

»Na der da«, antwortete der Alte.

»Der da?«

»Ja der da!«

»Da kannst'e lange warten.«

»Dann warte ich eben.«

»Du sollst aber essen kommen.«

»Erst wenn der von meinem Acker ist.«

»Da kannst'e lange warten.«

Diese interessante Konversation dauerte an und mein Blick hüpfte unruhig von der Kleinen zum Alten, vom Alten zur Kleinen.

Nun wurde ich doch neugierig, und das ewige Hin und Her machte mich schwindelig. Deshalb fragte ich freiweg: »Wieso kann er denn lange warten?«

Das Kind schaute mich lange an.

Dieser Blick erinnerte mich an meine eigene Kindheit, denn er deutete an: „Kapierst'e denn nicht?"

Die Kleine holte tief Luft, schnalzte mit der Zunge, schüttelte mit dem Kopf und sagte dann sehr betont: »Der kann doch gar nicht weggehen, das ist doch eine Vogelscheuche!«

Der Alte sagte erstaunt: »Ach was.«

Ich hörte einen Knacks und merkte, dass mein Unterkiefer nach unten kippte.

Es dauerte eine Weile, dann brüllte ich los.

So hatte ich schon lange nicht mehr gelacht.

Mit Tränen in den Augen sah ich zu dem Alten, der wie versteinert da stand und belämmert dreinschaute.

Ich biss mir auf die Unterlippe bis es schmerzte, denn ich hatte das Bedürfnis mich auf den Boden zu werfen und mit den Händen darauf zu hämmern.

Ich winkte prustend ab und ging langsam in Richtung Vogelscheuche ohne mich noch einmal umzusehen.

In Höhe des augenverderbenden Objekts schielte ich schmunzelnd zur Seite, und mir war, als hätte diese Vogelscheuche mir grinsend zugezwinkert.

Dies ignorierte ich aber energisch, denn das konnte doch nicht sein.

Oder?

Gedanken

Ich sitze in meinem Sessel, eine Zeitung in den Händen haltend. Wohlige Wärme erfüllt den Raum und umhüllt meinen Körper.

Meine Gedanken schwirren umher und mein Blick springt wie ein Pin-Pong-Ball von einem Extrem ins andere.

Ich versuche meine Augen auf einen Punkt zu fixieren und zwinge meine Gedanken sich zu beruhigen.

Langsam, wie eine schwere Dampflok keuchend anfahrend, beginne ich zu lesen.

Ich lese von Ereignissen, von jenen, die ich wie in Trance überfliege, oder von solchen, die ich in mich aufsauge, wie ein trockener Schwamm das Wasser.

Ich versuche meinen Blick für einen Moment von diesen kleinen und großen hässlichen schwarzen Buchstaben zu lösen.

Doch sie halten diese direkte Linie wie ein Band fest.

Mein Gehirn registriert diese Buchstaben, die aneinandergereiht mir Dinge vermitteln welche mir die Zornesröte in das Gesicht steigen und Tränen meine Augen befeuchten lässt.

Ich schließe meine Augen. Gedanken werden frei; Gedanken die sich weiter fortpflanzen, während ich meinen Kopf langsam hin zum Fenster drehe.

Zaghaft öffne ich sie und mein Blick trifft auf den weißen Schnee, der mich für einen kurzen Moment Schmerz in den Augen spüren lässt und die Gedanken für diesen Bruchteil unterbricht.

Gedanken, die in Mikrosekunden wie ein Film an mir vorbeiflitzen.

Ich sehe Menschen mit fetten Bäuchen, wie sie schwitzend braungebratene Hühnchen verschlingen.

Ich sehe Kinder mit aufgedunsenen Bäuchen und vorgestreckten Händen nach Nahrung betteln.

Ich sehe kahle Bäume die den Sauerstoff produzieren sollen, den wir atmen.

Ich sehe Schornsteine der Fabriken farbig rauchen und Blechlawinen rasen.

Ich sehe Männer in Uniformen vor tobenden Menschenmengen große Reden schwingen.

Ich sehe Menschen, getötet von denselben auf der Erde liegen.

Ich sehe Mütter weinend ihre Kinder gebären.

Ich sehe Kinder, von ihren Eltern misshandelt.

Ich sehe Tiere wie sie friedlich dösend ihren Traum erleben.

Ich sehe Kreaturen wie sie aufgeschlitzt und gefoltert zum Wohle der Menschheit ihr Dasein fristen.

Ich sehe aber auch Menschen, die für Gerechtigkeit und Frieden leiden.

Die sich für andere Prügeln lassen.

Die gegen Missstände protestieren.

Die das Wort "Christ" nicht nur schreiben können.

Ich sehe Menschen am Weihnachtsabend Geschenke verteilen, sehe sie beten, höre sie singen.

Sehe keine Toten am Boden liegen, höre keine Kinder nach Nahrung schreien.

Rieche nur die heile Welt.

Gedanken die wortlos sagen:
Warum, warum kann es nicht jeden Tag so sein.

Weihnacht ist's

Es riecht nach Tannennadeln und Plätzchen.

Die Kinder sind in ihrem Zimmer und warten voller Ungeduld auf das Zeichen.

Die Große sieht in den Spiegel und glättet zum x-ten Mal ihr Haar. Der Kleine, auf dem Stuhl sitzend und mit den Füßen baumelnd, fragt energisch:

»Wann geht es denn endlich los?«

Die Große, immer noch in den Spiegel blickend, »Keine Ahnung.«

Der Kleine, immer noch zappelnd, »machen die das wieder spannend.«

Die Tür wird geöffnet, Mutter tritt ein.

Der Kleine fragt, »Mutter, wann geht es denn los?«

Mutter, am Hemd des Kleinen nestelnd antwortet: »Gleich mein Sohn« und gibt dem Kleinen einen Kuss auf die Wange.

Der Kleine, mit dem Handrücken an der Wange wischend, begegnet nun schon etwas energischer: »Ich will aber, dass es jetzt schon losgeht!«

Da, ein ganz zartes "bim, bim" ertönt.

Der Kleine springt vom Stuhl, ergreift Mutters Hand.

Die Große, den Blick vom Spiegel trennend, murmelt: »Na endlich.«

Mutter ergreift die Hände der Kinder. Langsamen Schrittes gehen sie auf die Wohnzimmertür zu.

Die Tür wird geöffnet. Vater im schwarzen Anzug, natürlich vom Besten, begrüßt lächelnd seine Familie mit den Worten: »Fröhliche Weihnacht.«

Feierlich um den Weihnachtsbaum versammelt, trällert Mutter den Anfang von "Oh Tannenbaum", einer nach dem anderen stimmt zögernd mit ein.

Vater rutscht auf allen Vieren unter den Baum und verteilt die Geschenke.

Computerspiel für den Kleinen.

Einen Scheck für den Kauf eines Mofas für die Große.

Mutter bekommt einen Ring, natürlich das passende Armband dazu.

Vater schenkt sich einen Leasingvertrag für ein neues Auto.

Mutter küsst den Vater, Vater die Mutter, Mutter die Kinder, die Kinder den Vater....

Mutter trällert mit Freudentränen:

"Es ist ein Ros' entsprungen".

"Weihnacht ist's"

Kinderaugen leuchtend im Schein der Kerzen schauen auf die gebackenen noch heißen Äpfel, die vor ihnen auf dem Teller liegen.

Der Duft der Äpfel und des Gerösteten umstreicht den kahlen fröstelnden Raum.

Mutter hält die Keine auf ihrem Schoß und streichelt die kleinen Hände mit ihrem Daumen und leise singt sie "Oh du Fröhliche."

Vater, in Folge der Unkenntnis des Textes mitbrummend, legt die letzten Kartoffeln in das Feuer.

Mutter legt der Großen die Kleine in den Arm, nestelt an ihrer Schürze und zieht eine kleine Puppe hervor, die sie von ihrer Pulloverwolle gestrickt hatte, und drückt sie der Kleinen in die Hände.

Vater, sich langsam erhebend, holt die aus alten Holzscheiten zusammengebastelte Wiege hervor und gibt sie der Großen in die noch freie Hand.

Kinderaugen glänzen und blicken fast auf die Gaben.

Vater legt liebevoll den Arm um Mutters Hüfte und ihre Blicke ruhen glücklich auf ihre Kinder.

"Oh du Fröhliche"

"Weihnacht ist's"

Irgendwo in einem fernen Land blicken Kinderaugen auf ein zerbrochenes Haus.

Keine Mutter wird ihnen "Oh Tannenbaum" singen.

Kein Vater wird ihnen Gaben bringen.

Statt brennenden Kerzen, gibt es brennende Häuser.

Statt wohligem Duft, gibt es beißenden Gestank.

Statt Freudengelächter gibt es Schmerzensschreie.

Statt Frieden gibt es Krieg.

"Wein'nacht ist's"

Im Spiegelland

Die kleine Stefanie wurde nach einem sehr anstrengenden Tag von ihrer Mutter zu Bett gebracht.

Sehr schnell schlief sie ein und träumte von einem Mädchen, dass ihr sehr ähnlich sah.

Dieses Mädchen ging auf einer Wiese spazieren, umringt von den schönsten und größten Blumen die sie je gesehen hatte.

Blumenpflückend kam sie an einen Weg und fragte sich, wo sie wohl sei. Um dieses herauszufinden ging sie den Weg entlang.

Nach einer Weile kam sie an eine Kreuzung und dort stand ein Schild mit einer sehr merkwürdigen Schrift.

Das Mädchen versuchte die Buchstaben zu entziffern und las von rechts nach links und von links nach rechts aber es half nichts.

»Es muss eine fremde Sprache sein«, dachte sie.

Welchen Weg sollte sie nun nehmen, den Linken oder den Rechten.

Von dem ewigen Buchstabieren und Lesen müde geworden, setzte sie sich auf einen am Rande liegenden großen Stein um sich etwas auszuruhen.

Das Mädchen schaute auf die schönen Blumen, auf das Schild mit dieser merkwürdigen Schrift. Ihr Blick endete auf den verchromten Spangen die an ihren roten Schuhen glänzten.

Die Sonne blitzte die Spangen so sehr an, dass ihr die Augen wehtaten. Deshalb schob sie ihren rechten Fuß etwas zur Seite. Die Sonne spiegelte sich nun nicht mehr in diesen großen silbernen Spangen sonders etwas anderes, Buchstaben waren es, Buchstaben und ein Pfeil waren zu erkennen. Das Mädchen schaute ungläubig auf ihre Spangen und dann wiederum auf dieses Schild mit den großen Buchstaben und dem Pfeil der nach links zeigte.

Buchstabierend las sie langsam

„S P I E G E L L A N D".

Nun war sie aber sehr aufgeregt und fragte sich, »Was ist das für ein Land dieses SPIEGELLAND?«

Das Mädchen erhob sich von ihrem Sitzplatz, glättete ihr rotweiß getupftes Kleidchen und ging, so wie es dieses Schild verlangte den Weg entlang.

Noch schönere und süßer duftende Blumen säumten ihren Weg. Die Vögel sangen wunderschöne Melodien und bunte Schmetterlinge schwirrten um ihren Kopf. Es war ein buntes und lustiges Treiben wie sie es noch nie in ihrem Leben gesehen hatte.

In weiter Ferne sah das Mädchen ein ganz gro-
ßes Tor. So schnell wie sie konnte, lief sie auf die-
ses Tor zu. Ganz außer Atem angekommen, er-
blickte sie wieder ein großes Schild und auf diesem
stand in großen Buchstaben wieder alles verkehrt
herum.

»Die Spangen werden es mir schon enträtseln«,
dachte sie und schob ihre Schuhe so hin, dass die
Buchstaben ganz deutlich zu erkennen waren.

Flüsternd, dass es ja keiner hört, las sie Buch-
stabe für Buchstabe das Geschriebene vor

„S P I E G E L L A N D 2 X K L O P F E N".

Nervös wischte das Mädchen über ihr rotweiß
getupftes Kleidchen, ging ganz langsam ein paar
Schritte auf das große hölzerne Tor zu, klopfte
ganz zaghaft einmal, zweimal.

Jetzt war sie aber ganz schön aufgeregt. Ihre
Wangen glühten und sie fasste sich mit der rechten
Hand an den Mund. Das große hölzerne Tor öffne-
te sich kaum hörbar zu einem kleinen Spalt. Sehr
vorsichtig machte das Mädchen einen kleinen
Schritt nach vorne und steckte ihren Kopf durch
den Spalt und blinzelte in das Innere. Dort war es
so hell, dass sie kaum etwas erkennen konnte. Sie
trat nun ganz in die Öffnung hinein, schaute ein-
mal nach links und einmal nach rechts.

Eine Stimme ertönte, aber sie konnte nicht verstehen was diese Stimme ihr sagen wollte.

Ein kleiner Junge mit blonden Haaren stand vor ihr, lächelte sie an und aus seinem Mund kamen dieselben unverständlichen Worte. Andere Kinder kamen herbei, sie lachten und sprachen alle die gleichen verkehrten Worte.

Der blonde Junge kam auf sie zu, nahm sie bei der Hand, sprach etwas und deutete auf ihre schönen silbernen Spangen die in der Sonne glitzerten.

Nochmals deutete er auf ihre Spangen und gab zu verstehen, sie solle doch hinsehen. Das Mädchen tat es, sah auf die Spangen. Die Lippen des Jungen bewegten sich und sie konnte ganz deutlich verstehen wie er sagte,

»Willkommen im Spiegelland der Kinder.«

und bot dabei die Hand zum Gruß.

Merkwürdig dachte das Mädchen, wieso gibt er mir die linke Hand. Der Junge deutete wieder auf die Spangen und siehe da, er reichte ihr die Rechte.

»Na klar«, sagte sie, es ist ja alles spiegelverkehrt, lächelte und gab dem Jungen die Hand.

»Nun komm, ich zeige dir unsere Stadt.«

Der blonde Junge nahm sie bei der Hand und alle Kinder hüpften lachend und brabbelnd die lange Straße entlang hinunter zur Stadt.

Sie zeigten ihr alles was es in der kleinen Stadt zu sehen gab. Eine Bäckerei, wo es nur Kuchen und Plätzchen gab. Den Milchbrunnen mit dem Kakaobaum. Dem Spiegelladen mit den vielen Puppen und den vielen vielen anderen schönen Sachen. Es gab alles was das Kinderherz sich nur wünschen konnte.

Sie aßen und tranken, natürlich alles Spiegelverkehrt. Sie spielten und sangen den ganzen Tag. Es gab keine Schule und keine Erwachsene die sagen, tue dies nicht und tue jenes nicht.

Das Mädchen hatte sehr viel Spaß, sie versuchte die Sprache zu erlernen und brabbelte lustig mit.

Der Tag ging dem Ende zu und sie wurde sehr müde. Kaum verständliche Worte murmelnd ließ sie endlich einschlafen.

Kaum war sie eingeschlafen, rief eine sanfte Stimme ihren Namen.

»Stefanie, Stefanie, aufstehen.«

Schlaftrunken öffnete sie ihre Augen und sah ihre Mutter am Fuße des Bettes stehen.

»Komm aufstehen, Frühstück ist fertig.«

Stefanie lächelte ihre Mutter an sagte,

»ich komme gleich.«

Stefanie stand auf, blieb einen Augenblick vor dem Spiegel stehen und sagte laut »Spiegelland« und beobachtete dabei ihre Lippen die sich im Takt der Buchstaben bewegten. Ein lautes Gebell ließ sie jäh in die Wirklichkeit zurückkehren. Bessi, ihr kleiner Hund kam in ihr Zimmer gesprungen und begrüßte sie in der Gegenwart.

In ihrer Gegenwart wo es zum Glück noch Mutter und Bessi gibt.

Damals

Es begann damit, dass ich, damals knapp 15 Jahre alt, meinen ersten Film „Denn sie wissen nicht was sie tun" mit James Dean sah. Ab diesem Zeitpunkt nervte ich meine Mutter jeden Tag mit den Worten »Ich brauche ein paar Jeans.« Meine Frisur war natürlich schon lange nicht mehr der Fassonschnitt, den allen Jungs in meinem Alter von den Eltern vorgeschrieben wurde. Es war der Schnitt, den Elvis uns vormachte und genau den wir schon immer wollten. Schwarze Haare, eine Tolle.

Ach ja, da ich von Geburt aus blond war, mussten meine Haare schwarz gefärbt werden. Meine Cousine musste herhalten und sie machte es sehr ordentlich.
Die Haare waren also gefärbt, die Schmalzlocke wurde ordentlich eingefettet, die Prachtlocke gekämmt. Das alles brachte bei den Alten nur ein reines Kopfschütteln hervor.

Meine Freunde kamen jeden Abend zu der üblichen „Zur Schau stellenden Parade", bei der Tolle, Blue Jeans und die weißen Mokassins nicht fehlen durften.

Natürlich war es auch Gesetz, dass sich die Mädchen die Jungs herauspickten, die diese Modenschau in ihrer Ganzheit erfüllten.

Ted Herold sang das Lied seiner neuesten Platte „Moonlight" und ich hatte immer noch keine Jeans.
Weiße Mokassins? Welch eine Frage.

Können Sie sich vorstellen, weiße Schuhe ohne Jeans - undenkbar!

Haare, Haare waren auch da und was für welche. Ich hatte eine der tollsten Tollen in der ganzen Straße.

Endlich, eines Tages bekam auch ich meine heißersehnten Blue Jeans.

Stonewashed? Nein, Selbstwaschen.

Wie?

Ganz einfach. Man nehme eine Jeans, ziehe sie an, Badewanne mit Wasser füllen, reinlegen, einweichen, raus aus der Wanne und in der frischen Luft trocknen. Natürlich am Körper hauteng. Das Ganze ist selbstredend nur an warmen Sommertagen zu empfehlen.

So, nun hatte ich meine Jeans, hauteng und so schön blau. Es war Zeit. Zur allabendlichen Modeschau, da sollte ich heute nicht fehlen. Also ging es los. Haare waschen, föhnen, danach wieder einfetten, anschließend exakt kämmen. Die wunderschönen blauen Jeans an, die neuen weißen Mokassins und das passende Hemd. Langsam schreitend ging ich zu unserem Treffpunkt. Sie waren schon alle da, meine Freunde und die Mädchen.

Da sah ich sie, blond, groß und so schön.

Mein Freund und Favorit aller Mädchen Peter Lampert, ein dunkler Typ, immer braungebrannt und solch schöne schwarzen Haare, stand auch dabei.
Er konnte wunderbar singen, diese Begabung brachte ihm später Plattenverträge und Fernsehauftritte.

Erstaunt schauten mich alle an.

Mit einem Blick, ein Blick war das. Der Blick meiner Freunde verriet Stacheln und der der Mädchen Herzen.

Heute, ja heute war ich der Favorit.

Meine Frisur, meine Jeans, meine weißen Schuhe und ich.

Aus dem Kofferradio erklang Ted Herolds Lied „Moonlight, die Nacht ist schön".

Zeitfracht Medien GmbH
Ferdinand-Jühlke-Straße 7
99095 Erfurt, Deutschland
produktsicherheit@kolibri360.de